L'ARMÉE
TRANSALPINE

PAR

BARTHÉLEMY

PARIS

IMPRIMERIE CENTRALE DE NAPOLÉON CHAIX ET Cⁱᵉ

RUE BERGÈRE, 20.

1859

L'ARMÉE TRANSALPINE

(25 juin 1859.)

Au secours ! s'écriait, avec sa voix qui vibre,

Le peuple américain, armé pour être libre :

L'Angleterre a sur nous lâché ses léopards ;

Aidez-nous à briser des pouvoirs arbitraires ;

Washington et Franklin vous recevront en frères.

    La France répondit : Je pars.

    Au secours ! criait encore

    Le peuple de Marathon

    Qu'avilissait le Bosphore,

    Sous le sabre et le bâton ;

    Rendez-nous les perspectives

    Des libertés primitives

Qu'un long crêpe nous voila ;
Sauvez la Grèce qui tombe
Comme une immense hécatombe !
La France dit : Me voilà !

Au secours ! au secours ! a crié l'Ausonie :
Ma voix s'éteint, je touche aux sueurs d'agonie,
J'étouffe sous les pieds de l'Autriche; au secours !
Prêtez-moi vos bras forts; à cette heure suprême,
Je sens que je ne puis rien faire par moi-même.
La France a répondu : Je cours.

Ainsi pour sa délivrance
Quand, levant ses bras meurtris,
Un peuple invoque la France,
Elle entend toujours ses cris.
Comme un flot qui rompt sa digue,
Avec joie elle est prodigue
De son sang et de son or,
Ne demande aucun salaire
Pour son œuvre tutélaire
Et croit s'enrichir encor.

Citoyens, qui passez sur la place Vendôme,
En saluant toujours l'impérial fantôme
Qui fit son piédestal d'Arcole et de Lodi ;
Avez-vous remarqué vers quel point de l'espace
Le colosse pensif tourne sa grande face ?
  Il la tourne vers le Midi,

Vers sa chère Italie, horizon de lumière
Qui vit l'explosion de sa gloire première,
Alors que s'inclinaient sous son rapide élan
Et *Pavie* et *Mantoue* et *Vérone* et *Milan*,
Que chacun de ses pas imprimait un prodige
Sur l'*Adda*, sur le *Pô*, le *Tess'n* et l'*Adige*,
Terre aux sanglants épis, champs féconds en lauriers,
D'où partaient, chaque jour, ses triomphants courriers,
D'où ses aides-de-camp portaient au Directoire
Cent quatre-vingts drapeaux, moisson de la victoire ;
D'où lui-même, après tant de combats et d'assauts,
Revenait, en nouant l'olive à ses faisceaux.

C'est de ce belvédère où sa large prunelle
Rayonne sur Paris, comme une sentinelle,

Soldats! que, tressaillant de la tête à l'orteil,

Il vous a vus marcher vers un nouveau soleil,

Avec votre Empereur, qui loin des Tuileries,

Loin de son peuple, loin de deux têtes chéries,

Va camper près de vous sous la tente et fait voir

Ce qu'un Napoléon comprend comme un devoir.

A vos drapeaux passés par la double fournaise

De la terre d'Afrique et de la Chersonèse,

A votre marche allègre, à vos cris triomphants,

Il vous a reconnus pour les dignes enfants,

Pour les vrais rejetons, pour le sang militaire

De ceux qui le suivaient aux deux bouts de la terre :

« Hâtez-vous, a-t-il dit, de traverser les monts,

» D'aspirer l'air qui fut si doux à mes poumons ;

» Foulez d'un pied hardi ce noble territoire ;

» Marchez sur mes chemins, copiez mon histoire,

» Créez, en répétant ce qui fut accompli,

» Un autre *Montenotte*, un autre *Rivoli ;*

» De l'insolente Autriche épurez les repaires ;

» Vous, enfin, mieux vêtus, mieux nourris que vos pères,

» Refaites, aujourd'hui, sous le ciel transalpin,

» Ce qu'ont fait mes soldats sans souliers et sans pain. »

La foi qu'il met en vous ne sera pas trompée,
Soldats ! Vos premiers coups rouvrent son épopée :
Sur le sang paternel que cette plaine but,
Montebello doublé marqua votre début ;

A chacun des combats dont le bruit nous arrive
La France voit briller sa gloire en récidive ;
Les lieux les plus obscurs où grondent vos canons
Baptisés par le feu, deviennent de grands noms ;
Chaque jour nous apporte un flamboyant message ;
Tantôt, c'est du *Tessin* l'énergique passage ;
Tantôt, entre vos rangs les Tudesques étreints,
Ont fui de *Palestro*, la baïonnette aux reins ;
Pendant que tout Paris se presse à Notre-Dame
Pour le grand *Te Deum* que *Magenta* réclame,
Magenta qui, plongeant l'Autriche dans le deuil,
D'un second *Marengo* nous impose l'orgueil,
Voilà que, tout à coup, presque aussi grand de taille,
Se dresse *Marignan* sur son champ de bataille,
Et le fleuron d'un roi, du roi des chevaliers,
Reverdit sur le front de *Baraguey-d'Hilliers* ;
Voilà que, sous le vent de nos chaudes rafales,
Reculent, à plein vol, les aigles bicéphales ;

Et le peuple lombard, après un temps si long,

De son front tout saignant secoue un joug de plomb,

Et *Milan* fait siffler sa puissante couleuvre,

Repeint son vieux blason et se grandit sous l'œuvre

Des deux libérateurs qui lui rendent ses droits :

VICTOR-EMMANUEL et NAPOLÉON TROIS.

Mais depuis *Marignan*, c'est la dixième aurore

Que nul écho ne vient de l'Apennin sonore;

Nos triomphants drapeaux se sont-ils arrêtés ?

Se peut-il? quoi ! dix jours sans victoire !..... Écoutez,

Écoutez donc ! Quels bruits montent jusqu'à la nue ?

C'est le canon qui chante une gloire inconnue;

C'est l'éclatante voix d'un message lointain ;

C'est l'Empereur qui dicte un nouveau bulletin,

Une date promise au burin de l'histoire,

Une grande bataille, une grande victoire,

Solferino qui vient, tout exprès, rajeunir

Castiglione encor fier de son vieux souvenir,

Un duel qui remplit mille hectares d'espace,

Qui voit deux empereurs combattant face à face

Et qui prend pour témoins seize heures de soleil ;
Voilà ce que Paris salue à son réveil !

En combien peu de jours combien de choses faites !
Pour Vienne que de deuils, pour Paris que de fêtes !
Gloire aux triples couleurs et gloire aux drapeaux verts !
Et ne demandez pas de tant de corps divers
Lequel s'élance mieux aux périls les plus graves ;
Fantassins, cavaliers, artilleurs, tous sont braves ;
Qu'ils portent le képi, le casque ou le turban,
Tous sont, d'un bond pareil, debout au premier ban,
Tous également pleins de chaleur martiale ;
Toute l'armée est zouave et garde impériale ;
Pour elle le repos n'est jamais assez court,
Elle ne marche pas au combat, elle y court ;
On dirait qu'à ses vœux pour n'être pas tardive,
La victoire a pour char une locomotive.

Pourquoi nous étonner d'un si fougueux essor ?
Ce qu'on a vu jadis se reproduit encor,
Sur le même terrain, l'histoire se retrace :
Le temps n'a pas détruit la généreuse race

Des hommes que le ciel à nos armes donna,

Tels que *Desaix*, *Joubert*, *Ney*, *Lannes*, *Masséna*,

Fils de la République ou du premier Empire ;

Sous des noms différents, la même âme respire

Dans ceux que l'Italie admire en tressaillant,

Dans *Regnaud*, *Mac-Mahon*, *Niel*, *Canrobert*, *Vaillant*,

Dans tous ces généraux, idoles de l'armée,

Dont les noms ont rempli l'Afrique et la Crimée.

N'en doutez pas, non plus : dans les chefs ennemis

Le type héréditaire aussi bien s'est transmis :

Tous ces feld-maréchaux qu'ils opposent aux nôtres,

Giulay, *Clam*, *Stadion*, *Urban*, *Hess* et tant d'autres,

Que prétendent-ils faire ? Ils feront ce qu'ont fait

Les *Colli*, les *Mélas*, les *Beaulieu*, les *Clairfait* ;

Ils verront leur armée incessamment dissoute,

Ils fuiront ; ils fuiraient, de déroute en déroute,

Par-delà le *Danube*, à leurs confins de l'Est,

Jusques dans *Temesvar*, dans *Presbourg* et dans *Pest*.

Et quand même ils auraient tout ce que je leur nie,

Le calcul, le sang-froid, le belliqueux génie,

Quelle foi peuvent-ils mettre en des régiments,

Hétérogène amas de confus éléments,

Tyroliens, Hongrois, Croates et Bohêmes ?

Tous entre eux échangeant d'antiques anathèmes,

Différents de langage et de mœurs et d'instincts,

Chacun a sa patrie et ses foyers distincts ;

Ils suivent sans gaîté leur tambour monotone,

Nul amour ne les serre autour du drapeau jaune,

La schlague leur tient lieu de guerrière vertu ;

L'Autrichien se bat de peur d'être battu.

D'un flegme évangélique il est vrai qu'on les loue ;

Oui, tout chauds d'un soufflet, ils tendent l'autre joue ;

Ils sont dans le malheur têtus, persévérants :

Le lendemain d'un jour qui décima leurs rangs,

Leur résignation en rassemble les restes ;

Impassibles devant tant de vides funestes,

On ne les voit jamais en tressaillir d'effroi ;

Ils n'en sont nullement étonnés ; eh ! pourquoi ?

Parce que, dès-longtemps, leur habitude est faite,

Comme nous un succès, d'attendre une défaite,

Et que, fuite, déroute, ou combat désastreux,

C'est le destin prévu, c'est la règle pour eux.

Quel vertige, pourtant ! quelle absurde espérance !
Sur le sol d'Italie ils provoquent la France.
Italie ! abattoir où nous les mitraillons !
Sarcophage encor plein de leurs vieux bataillons !
Ferment-ils donc les yeux quand, la nuit, sous leurs tentes,
Passent, en traits de feu, tes dates palpitantes ?
N'entendent-ils donc pas que, sur tous tes chemins,
Leurs talons font craquer des ossements germains,
Et qu'après soixante ans, l'Autriche tout entière
Pousse des cris au fond de ton grand cimetière ?
Faut-il les accuser d'être aveugles et sourds ?
Non, mais plutôt de voir et d'entendre à rebours.
On connaît leur coutume : eux et leurs coryphées
Ont toujours travesti les échecs en trophées ;
Les cyprès en lauriers fleurissent devant eux.
Et, même en ce moment de jours calamiteux,
Quand le sol sous leurs pieds s'ouvre ; quand l'Italie
Comme un cercle de flamme autour d'eux se replie ;
Quand *Pavie* et *Milan*, le *Tessin* et l'*Adda*
Brisent la main de fer qui tant les dégrada ;
Quand nous marchons, partout, sur des routes semées
D'armes et de canons, lambeaux de leurs armées ;

Quand Toulon voit passer, ainsi que des troupeaux,

Leurs longs rangs prisonniers, fouettés par nos drapeaux ;

Quand ils portent le deuil de quarante mille hommes,

O stupeur ! ils se font d'héroïques diplômes,

Ils sont partout vainqueurs, partout prépondérants ;

Dans leurs chauds bulletins, libelles délirants,

Contre-sens effrontés que l'impudeur affiche,

Ils mentent, face à face, à l'Europe, à l'Autriche,

A leur prince qui croit triompher en tout lieu ;

Et dans leurs *Te Deum* ils mentent même à Dieu.

Artifices grossiers ! leur fanfare qui sonne

S'exhale dans le vide et n'abuse personne.

De leur plume de fiel bravons en paix le tir ;

De la peau du lion laissons-les se vêtir ;

C'est le rôle bouffon dans ce tragique drame ;

Laissons-les même croire à leur fier monogramme

Dont le sens convient mal à leurs tristes revers :

L'Autriche est destinée à régir l'univers * ;

---

* On voyait autrefois, et l'on voit peut-être encore, à Vienne, sous la voûte d'un palais, une inscription formée des cinq voyelles *a. e. i. o. u.*, initiales des cinq mots latins : *Austriæ est imperare orbi universo*, c'est-à-dire : « Il appartient à l'Autriche de commander à toute la terre. »

Qu'importe ? le temps marche à grands pas, et l'histoire

Va bientôt mettre à nu la fable dérisoire.

D'un fatal dénoûment qu'ils se tiennent certains :

Si, poussés par la honte et leurs mauvais destins,

Ils espèrent trouver le jour des représailles,

Ils failliront encor sous le choc des batailles.

Alors, agglomérant leurs régiments épars,

Ils se cuirasseront de créneaux, de remparts,

Dans *Mantoue* et *Vérone* ou d'autres villes fortes ;

Mais le boulet de siége en crèvera les portes,

Ils tomberont broyés sous leur dernier redan.

Peut-être qu'à cette heure, aux bords de l'*Eridan*,

D'un chimérique espoir leur jactance rayonne ;

Le canon, le fusil et le fer de Bayonne

Les pousseront en bloc dans ce fleuve où, dit-on,

Tomba du haut des cieux l'orgueil de Phaéton.

Pour vous, sans prolonger l'œuvre jusqu'au solstice,

Soldats ! quand à chacun vous aurez fait justice ;

Quand, refoulé par vous, le dernier ennemi

Sera rentré, honteux, au sol qui l'a vomi ;

Quand les peuples latins, qu'un même esprit condense,

Marcheront dans l'ampleur de leur indépendance,

Vous viendrez vous rasseoir enfin à notre seuil ;

Et vous retrouverez l'incandescent accueil,

Les transports exaltés jusqu'à la frénésie

Qui fêtèrent si bien votre retour d'Asie,

Ces hourras qui brisaient les oiseaux dans leur vol,

Dignes de vous, par qui tomba Sébastopol.

Vous marcherez parmi les maisons pavoisées,

Sous des fleurs ruisselant de toutes les croisées ;

En tête vos drapeaux, vos clairons, vos tambours,

Des poudreux boulevards vous suivrez les contours,

Et quand vous passerez sur la place octogone

Où le juge des camps plane de sa colonne,

Incliné sur vos rangs déroulés au-dessous,

Le géant vous dira : Je suis content de vous.

Mais vous savez, soldats ! que, dans un but vulgaire,

L'Empereur ne s'est pas levé pour cette guerre,

Et que l'unique vœu de ses ambitions

C'est le repos conquis à quatre nations.

Oh ! pour grandir encor notre fête prochaine,

Sur vos fronts décorés du laurier et du chêne

Faites que l'olivier mêle aussi ses rameaux ;

En portant avec vous les glorieux jumeaux,

Les pendants de *Lodi*, de *Rivoli*, d'*Arcole*,

Faites qu'à ces grands noms un nom plus doux s'accole,

Qu'un dernier don se joigne à tant d'insignes dons :

C'est *Campo-Formio* que nous vous demandons.

www.ingramcontent.com/pod-product-compliance
Lightning Source LLC
Chambersburg PA
CBHW071450060426
42450CB00009BA/2363